D1146286

МІНСК

МИНСК · MINSK

2-ое выданне

МІНСК «БЕЛАРУСЬ» 2000

Складальнік і аўтар тэксту
В. І. Анікін

Фота Г. Л. Ліхтаровіча, А. Я. Лешчанкі,
Л. М. Македонскага і інш.

Мастак В. Р. Мішчанка

ISBN 985-01-0216-0

Мінск — сталіца Рэспублікі Беларусь — адзін са старажытнейшых гарадоў з багатым гістарычным мінулым. У 1997 годзе споўнілася 930 гадоў з часу першага ўпамінання аб ім у «Аповесці мінулых часоў» як аб крэпасці Полацкага княства ў сувязі з міжусобнай бітвай на Нямізе ў 1067 годзе.

Менск, Менеск — пад такой назвай упершыню ўпамінаецца ў летапісах горад, які меў зручнае геаграфічнае становішча, стаяў на скрыжаванні дарог з Захаду на Усход. Шматлікія гандлёвыя шляхі садзейнічалі яго эканамічнаму росту. Рэгулярна праводзіліся кірмашы і таргі. У 1499 годзе Мінск атрымаў магдэбургскае права. У XV—XVI стагоддзях Мінск — буйны гандлёва-рамесны цэнтр Вялікага княства Літоўскага.

Сёння Мінск — важнейшы культурны і прамысловы цэнтр. Насельніцтва яго перавышае паўтара мільёна чалавек.

Мінск — адзін з прыгажэйшых гарадоў рэспублікі. У гэтым лёгка ўпэўніцца, калі прагуляцца па яго цэнтры ці наведаць мікрараёны. Сучасныя архітэктурныя ансамблі праспектаў і плошчаў, пышная зеляніна садоў і паркаў, якія размешчаны ў даліне Свіслачы і яе прытокаў, буйныя грамадскія будынкі і новыя жылыя раёны, гістарычныя помнікі і падземныя станцыі метрапалітэна надаюць яму своеасаблівы выгляд і каларыт.

На сучасным абліччы горада пакінулі свой адбітак многія гістарычныя падзеі. Горад неаднаразова разбураўся ў час варожых нашэсцяў і спусташальных пажараў і кожны раз адбудоўваўся. Ён памятае і крывавую барацьбу паміж удзельнымі князямі ў XI—XII стагоддзях, і напад мангольскіх качэўнікаў у сярэдзіне XIII стагоддзя, татарскіх полчышчаў у пачатку

XVI стагоддзя, нашчадкі якіх жывуць на мінскай зямлі.

У XVI стагоддзі ўзнік Верхні горад — самы вялікі раён старога Мінска, адміністрацыйным цэнтрам якога з'яўлялася Саборная плошча. Тут былі сканцэнтраваны ратуша, жаночы і мужчынскі бернардзінскія і базыльянскія кляштары, езуіцкі касцёл XVII—XVIII стагоддзяў, жылая забудова XVIII — пачатку XX стагоддзя. Капітальныя будынкі касцёлаў з чарапічнымі дахамі і высокімі вежамі былі пабудаваны ў стылі барока і надавалі гораду адметную выразнасць і сілуэт. Некаторыя помнікі, якія захаваліся, сёння арганічна ўпісаліся ў сучасную тканіну горада, мірна суседнічаюць з пасляваеннай забудовай бліжэйшых кварталаў.

Запрашаем прайсціся па вуліцах і завулках старога горада, дзе вядуцца рэстаўрацыйныя работы, акунуцца ў атмасферу мінулых часоў.

У нядаўна адрэстаўрыраваным доме-сядзібе мастака Валянціна Ваньковіча па вуліцы Інтэрнацыянальнай адкрыты філіял Нацыянальнага мастацкага музея. На гэтай жа вуліцы, толькі ў доме нумар 28, працаваў гарадскі тэатр. Тут была пастаўлена першая беларуская камічная опера «Сельская ідылія» пад назвай «Сялянка» па лібрэта В. Дуніна-Марцінкевіча, на музыку С. Манюшкі і К. Кжыжаноўскага. Працаваў тэатр і ў будынку ратушы ў цэнтры Саборнай плошчы.

З больш даўніх часоў дайшлі да нашых дзён Ракаўскае і Траецкае прадмесці. Першае склалася ўздоўж Ракаўскага тракту, які вёў да Ніжняга рынку, што размяшчаўся ля старажытнага Замчышча — гістарычнай асновы горада. На рагу вуліц Нямігі і Ракаўскай захаваўся помнік архітэктуры пачатку XVII стагоддзя — Петрапаўлаўская царква. Уздоўж сучасных вуліц Ракаўскай, Вызвалення, Замкавай часткова засталася забудова XVIII—XIX стагоддзяў.

У Траецкім прадмесці цудам захаваўся невялікі квартал у раёне вуліц Багдановіча і Стара-віленскай, адрэстаўрыраваны і добраўпарадкаваны ў 80-ыя гады як цэльны гісторыка-архітэктурны комплекс старога Мінска з яго тыповай забудовай XIX стагоддзя. Мінчан і турыстаў у гэты куточак прыцягваюць невялікія кафэ, рэстараны, магазін сувеніраў, кніжны магазін «Вянок», музей паэта Максіма Багдановіча і Музей гісторыі беларускай літаратуры.

Але звернемся зноў да гісторыі. Паводле другога падзелу Рэчы Паспалітай у 1793 годзе Мінск стаў цэнтрам губерні. Развіццё горада ішло па новаму рэгулярнаму плану з прамавугольнай сеткай прамых вуліц. Адна з іх, Захар'еўская, злучыла Барысаўскі тракт з Варшаўскім напрамкам і ў далейшым стала галоўнай магістраллю горада, зараз гэта праспект Францішка Скарыны. На яе цэнтральным адрэзку была разбіта новая плошча — цяпер Кастрычніцкая, насупраць Аляксандраўскі, цяпер Цэнтральны, сквер. У даліне Свіслачы заклалі гарадскі парк, зараз гэта дзіцячы парк імя Горкага. У 1890 годзе на рагу Аляксандраўскага сквера пабудавалі гарадскі тэатр.

Будаўніцтва Маскоўска-Брэсцкай і Лібава-Роменскай чыгуначных ліній ператварыла горад у важны чыгуначны вузел. Да пачатку XX стагоддзя Мінск стаў буйным горадам з насельніцтвам больш за 90 тысяч чалавек.

У 1919 годзе Мінск становіцца сталіцай Беларускай ССР.

Новы сталічны маштаб надалі гораду буйнейшыя грамадскія будынкі, узведзеныя да 1941 года: Дом урада, будынак ЦК КПБ, Дом Чырвонай арміі, Дзяржаўная бібліятэка, Дзяржаўны акадэмічны тэатр оперы і балета, галоўны корпус Акадэміі навук. Яны паклалі пачатак фарміраванню сістэмы архітэктурных ансамбляў будучага Мінска, яго новага грамадскага цэнтра.

Суровыя выпрабаванні перажыў горад у гады Вялікай Айчыннай вайны. Цэнтральны раён з яго капітальнай забудовай ператварыўся ў руіны. Былі разбураны ўсе фабрыкі і заводы, больш як 80 працэнтаў жылога фонду.

Пасля Вялікай Перамогі ў 1945 годзе гераічнымі намаганнямі народа Мінск быў не толькі адноўлены, але і стаў адным з прыгажэйшых гарадоў былога Савецкага Саюза.

У пасляваенны час былі пабудаваны буйнейшыя прамысловыя прадпрыемствы — заводы шасцерняў, аўтамабільны, падшыпнікавы, трактарны, аўтаматычных ліній, іншыя гіганты індустрыі.

У 1954 годзе на Круглай плошчы быў узведзены велічны манумент Перамогі ў памяць аб воінах і партызанах, якія загінулі ў гады Вялікай Айчыннай вайны.

У пасляваенныя дзесяцігоддзі на Ленінскім праспекце сфарміраваліся архітэктурныя ансамблі сучасных плошчаў — Незалежнасці, Перамогі, імя Якуба Коласа, Калініна. Забудова Ленінскага праспекта стала выдатным дасягненнем беларускага горадабудаўніцтва, за што яе асноўныя аўтары, архітэктары Г. Баданаў, М. Баршч, С. Баткоўскі, А. Воінаў, У. Кароль, М. Паруснікаў, Н. Трахтэнберг, Н. Шпігельман, былі ў 1968 годзе ўдастоены Дзяржаўнай прэміі БССР. Сёння гэта — праспект Скарыны — самая ажыўленая вуліца горада. Радуе светлае архітэктурнае аблічча праспекта, стройныя рады яго прыгожых будынкаў, культурных устаноў, вучэбных і навуковых цэнтраў.

Развіццё горада і рост насельніцтва Мінска ў пасляваенны перыяд ішлі хуткімі тэмпамі. Пасля вызвалення горада ў 1944 годзе яго насельніцтва складала ўсяго каля 50 тысяч. У 1972 годзе нарадзіўся мільённы жыхар. Сёння ў сталіцы пражывае каля 1,7 мільёна чалавек.

Расце і прыгажэе грамадскі цэнтр сталіцы. У 70 — 80-ыя гады забудоўваецца другая галоўная магістраль сталіцы — праспект Машэрава з яго ансамблямі грамадскіх будынкаў і жылых комплексаў уздоўж водна-паркавага дыяметра горада ў даліне ракі Свіслач. Тут узніклі шматпавярховыя адміністрацыйныя будынкі, кінатэатр «Масква», Палац спорту, гасцініцы «Юбілейная» і «Планета», Дом прафесійных саюзаў і Дом праектных арганізацый. У парку Перамогі ў 1985 годзе ўзведзены манумент «Мінск — горад-герой». Высокі абеліск, увенчаны залатой зоркай, стаў кампазіцыйнай дамінантай праспекта Машэрава. У архітэктуру праспекта ўдала ўпісаўся своеасаблівы па сілуэту шматпавярховы жылы комплекс, інжынерны корпус завода халадзільнікаў і размешчаны насупраць пластычны па форме выставачны павільён «Мінск-ЭКСПА».

Новыя жылыя раёны і мікрараёны на перыферыі сталіцы — Усход, Зялёны Луг, Уручча, Вяснянка, Серабранка, Захад, Паўднёвы Захад, Малінаўка — не ўступаюць па ўзроўню добраўпарадкавання цэнтральным.

Упрыгожваюць горад паркі — імя Горкага, Чэлюскінцаў і Цэнтральны батанічны сад, водна-паркавы комплекс уздоўж Свіслачы. У 80-ых гадах да іх далучыўся каскад вадасховішчаў і паркаў уздоўж былога ручая Сляпянкі. Традыцыйным месцам адпачынку мінчан стала Мінскае мора — вялікае штучнае вадасховішча на паўночным захадзе сталіцы з цудоўнымі ляснымі масівамі.

Мінск — цэнтр навукі і культуры. У сталіцы размешчаны многія інстытуты Акадэміі навук, вялікая колькасць навукова-даследчых устаноў, канструктарскіх бюро і праектных арганізацый.

Падрыхтоўкай высокакваліфікаваных кадраў для рэспублікі займаюцца 20 вышэйшых навучальных устаноў. У іх ліку буйнейшыя: Беларускі дзяржаўны універсітэт, політэхнічная акадэмія, эканамічны, лінгвістычны, тэхналагічны, педагагічны, аграрны тэхнічны універсітэты, акадэміі музыкі, мастацтваў, спорту. Тысячы юнакоў і дзяўчат займаюцца ў ліцэях, гімназіях, каледжах, сярэдніх спецыяльных і прафесійна-тэхнічных вучэбных установах.

У Мінску шмат прафесійных тэатраў. Добрая слава ідзе пра Нацыянальны акадэмічны тэатр оперы і балета, акадэмічны тэатр імя Янкі Купалы, тэатр музычнай камедыі, тэатр юнага гледача, тэатр лялек.

У канцэртнай зале Беларускай дзяржаўнай філармоніі штодня адбываюцца выступленні айчынных і замежных артыстаў, вядомых эстрадных і танцавальных калектываў.

Запрашаюць да сябе прасторныя залы Нацыянальнага мастацкага музея, музея старажытнабеларускай культуры Акадэміі навук Беларусі, музея Вялікай Айчыннай вайны, Палаца мастацтваў. Адкрыты для наведвальнікаў літаратурныя музеі Янкі Купалы, Якуба Коласа, Максіма Багдановіча, Петруся Броўкі, Гасцёўня Галубка і іншыя.

Жыццё жыхароў сталіцы надзвычай разнастайнае. Сведчаннем іх духоўнага адраджэння стала аднаўленне богаслужэнняў у многіх храмах праваслаўнай, каталіцкай, мусульманскай і іншых канфесій. Кафедральны сабор Святога Духа — сёння галоўны храм праваслаўнай царквы. Аднавіліся богаслужэнні ў Петрапаўлаўскай царкве на Нямізе. Вернуты прыхаджанам касцёл Сымона і Алены, што размешчаны на плошчы Незалежнасці.

Набыў ранейшае аблічча Марыінскі кафедральны касцёл на плошчы Свабоды — помнік архітэктуры пачатку XVIII стагоддзя. У горадзе ўзведзена некалькі новых храмаў.

Сёння Мінск — сталіца суверэннай, незалежнай дзяржавы. Гэта адкрывае новыя перспектывы ў развіцці горада. Узводзяцца будынкі замежных пасольстваў, банкаў, бізнес-цэнтраў, офісаў і іншых дзелавых устаноў.

Мінск расце і прыгажэе, з кожным годам набывае рысы еўрапейскага горада, зручнага і камфортнага для жыцця.

Кафедральны сабор
Святога Духа. XVII ст.

Кафедральный собор
Святого Духа. XVII в.

The Cathedral
of the Holy Spirit. 17th cent.

Петрапаўлаўская царква.
XVII ст.

Петропавловская церковь.
XVII в.

The Church of Peter and aul.
17th cent.

Будынак былога царкоўна-археала-
гічнага музея. Цяпер тут знахо-
дзіцца Дом работнікаў мастацтва

Здание бывшего церковно-археоло-
гического музея. Сейчас здесь нахо-
дится Дом работников искусства

Building of the former Church and
Archaeology Museum, now the
House of Artists

Царква Марыі Магдаліны ўзведзена
ў 1847 годзе на былых Старажоў-
скіх могілках

Церковь Марии Магдалины возве-
дена в 1847 году на бывшем Сторо-
жевском кладбище

The Church of Mary Magdalene
erected in 1847 in the former
Storozhevskoye cemetery

Плошча Восьмага Сакавіка. На заднім плане — Палац рэспублікі

Площадь Восьмого Марта. На заднем плане — Дворец республики

8th of March Square. In the background — Palace of the Republic

Архітэктурны комплекс на плошчы Свабоды. У цэнтры — Марыінскі кафедральны сабор

Архитектурный комплекс на площади Свободы. В центре — Мариинский кафедральный собор

Architectural complex in Freedom Square. In the centre is the Cathedral of St Mary

Гарвыканком і ўпраўленне метрапалітэна на плошчы Незалежнасці

Горисполком и управление метрополитена на площади Независимости

The City Council and the Metro Autho-rity in Independence Square

⇨

Галоўпаштамт
Главпочтамт
Central post-office

Дом урада
Дом правительства
Houses of Government

Касцёл Сымона i Алены. Пабудава-
ны ў 1910 годзе ў стылі неаготыкі.
Злева — інтэр'ер касцёла

Костел Семена и Елены. Постро-
ен в 1910 году в стиле неоготики.
Слева — интерьер костела

The Catholic Church of Simon and He-
len. It was built in 1910 in neo-Gothic
style. Left the Church interior

⇨

Плошча Незалежнасці
Площадь Независимости
Independence Square

Тэатр музычнай камедыі.
Злева — від на Дом урада
з боку вуліцы Мяснікова

Театр музыкальной комедии.
Слева — вид на Дом правительства
со стороны улицы Мясникова

Musical comedy theatre. Left — view
of the Houses of Government
from Miasnikov Street

⇨

Прывакзальная плошча
Привокзальная площадь
Railway station square

Жылыя дамы на прас-
пекце Ф. Скарыны

Жилые дома на прос-
пекте Ф. Скорины

Dwelling blocks
in Prospect Skorina

ГУМ
ГУМ
City department store

Стадыён «Дынама»
Стадион «Динамо»
«Dynamo» stadium

Нацыянальны мастацкі музей.
Справа — інтэр'ер музея

Национальный художественный
музей. Справа — интерьер музея

National Fine Arts Museum.
Right — the museum interior

Гасцініца «Кастрычніцкая»
Гостиница «Октябрьская»
Hotel «Oktiabrskaya»

Міністэрства замежных спраў
Министерство иностранных дел
Ministry for Foreign Affairs

Кафэ «Белая вежа»
Кафе «Белая вежа»
«Belaya Vezha» cafe

Дом афіцэраў
Дом офицеров
Army Palace

Нацыянальная бібліятэка
Национальная библиотека
National library

Рэзідэнцыя Прэзідэнта
Рэспублікі Беларусь

Резиденция Президента
Республики Беларусь

Residence of the Republic's
President

У скверы Янкі Купалы
В сквере Янки Купалы
In the Yanka Kupala park

Рака Свіслач у цэнтры горада.
На другім плане — будынак цырка

Река Свислочь в центре города.
На втором плане — здание цирка

Svisloch river in the city centre.
In the background — the city circus

Крыты каток у парку імя Горкага
Крытый каток в парке им. Горького
In-door skating-rink in the Gorki park

Помнік Максіму Горкаму
Памятник Максиму Горькому
Monument to Maxim Gorki

Дом літаратара на вуліцы Фрунзе
Дом литератора на улице Фрунзе
House of Writers in Frunze Street

Рэспубліканскі
выставачны цэнтр

Республиканский
выставочный центр

Republican
exhibition centre

Нацыянальны акадэмічны Вялікі
тэатр оперы і балета.
На пярэднім плане — помнік паэту
Максіму Багдановічу

Национальный академический
Большой театр оперы и балета.
На переднем плане — памятник
поэту Максиму Богдановичу

National Academic Opera and Ballet
Theatre. In the foreground — monu-
ment to the poet Maxim Bogda-
novich

⇦

Плошча Перамогі
Площадь Победы
Victory Square

Палац мастацтваў
Дворец искусств
Palace of Arts

Троіцкі Залатагорскі касцёл.
Пабудаваны ў 1861—1864 гадах
на былых каталіцкіх могілках
Залатая горка

Троицкий Золотогорский костел.
Построен в 1861—1864 годах
на бывшем католическом кладбище
Золотая горка

St Trinity Catholic Church on the Gol-
den Hill. It was built in 1861—1864
in the former catholic cemetery
called Golden Hill.

⇨

Плошча Якуба Коласа
Площадь Якуба Коласа
Yakub Kolas Square

Дзяржаўная філармонія
Государственная филармония
The State philharmonic

Помнік Якубу Коласу
на плошчы яго імя

Памятник Якубу Коласу
на площади его имени

Monument to Yakub Kolas
in the square bearing his name

Галоўны корпус полі-
тэхнічнай акадэміі

Главный корпус поли-
технической академии

Central building
of the Polytechnical Academy

Кінатэатр «Кастрычнік»
Кинотеатр «Октябрь»
«Oktiabr» cinema

Ув과ход у Цэнтральны
батанічны сад

Вход в Центральный
ботанический сад

⇐

Галоўны корпус Акадэміі навук
Главный корпус Академии наук
Academy of Sciences central building

Entrance to the Central
Botanical Gardens

Куток батанічнага саду
Уголок ботанического сада
In the Botanical Gardens

Новы корпус вытворчага
аб'яднання «Гарызонт»
на вуліцы Варвашэні

Новый корпус производствен-
ного объединения «Горизонт»
на улице Варвашени

New building of the «Hori-
zont» production association
in Varvashenia Street

Кінатэатр «Партызан»
Кинотеатр «Партизан»
«Partisan» cinema

Новы вучэбны корпус аграрнага
тэхнічнага універсітэта

Новый учебный корпус аграрного
технического университета

New building of the Agricultural
University

⇨

Гісторыка-архітэктурны комплекс
Траецкае прадмесце

Историко-архитектурный комплекс
Троицкое предместье

St Trinity Township historical and
ar-chitectural monument

Кафедральны сабор Святога Духа
Кафедральный собор Святого Духа
Cathedral of the Holy Spirit

Кінатэатр «Масква»
на праспекце Машэрава

Кинотеатр «Москва»
на проспекте Машерова

«Moskva» cinema
in Prospect Masherov

Фрагмент жылога дома
на вуліцы Няміга

Фрагмент жилого дома
на улице Немига

Part of a dwelling house
in Nemiga Street

Палац спорту
Дворец спорта
Palace of Sports

Жылы дом на вуліцы
Старажоўскай

Жилой дом на улице
Сторожевской

Dwelling house in
Storozheṿskaya Street

⇦

Панарама праспекта Машэрава
Панорама проспекта Машерова
Panoramic view of Prospect Masherov

Гасцініца «Беларусь»
Гостиница «Беларусь»
Hotel «Belarus»

Комплекс грамадскіх будынкаў
на праспекце Машэрава

Комплекс общественных зданий
на проспекте Машерова

Public buildings in Prospect
Masherov

⇨

Дом праектных арганізацый
на праспекце Машэрава

Дом проектных организаций
на проспекте Машерова

Design associations building
in Prospect Masherov

Гасцініца «Планета»
Гостиница «Планета»
Hotel «Planeta»

Манумент «Мінск — горад-герой»
Монумент «Минск — город-герой»
«Minsk — Hero-City» monument

Дом мод і будынак інстытута
Белбыттэхпраект на вуліцы
Мельнікайтэ

Дом мод и здание института
Белбыттехпроект на улице
Мельникайте

Fashion House and Design and
Engineering Institute building in
Melnikaite Street

Палац дзяцей і моладзі
Дворец детей и молодежи
Palace of Children and Youth

⇨

Панарама жылой забудовы
на вуліцы Старавіленскай

Панорама жилой застройки
по улице Старовиленской

Panoramic view of the residential
blocks in Starovilenskaya Street

Інжынерны корпус
завода халадзільнікаў

Инженерный корпус
завода холодильников

Assembly shop of the
refrigerator factory

Выставачны комплекс
«Мінск-ЭКСПА»

Выставочный комплекс
«Минск-ЭКСПО»

Exhibition complex
«Minsk-EXPO»

Панарама жылога
раёна Вяснянка

Панорама жилого
района Веснянка

Panoramic view of the
Vesnianka residential area

Акадэмія фізічнага
выхавання і спорту

Академия физического
воспитания и спорта

Physical Training
and Sports Academy

Акадэмія кіравання пры Прэзі-
дэнце Рэспублікі Беларусь

Академия управления при Прези-
денте Республики Беларусь

Academy of Management under
the President of the Republic
of Belarus

Палац культуры і спорту чыгу-
начнікаў на вуліцы Чкалава

Дворец культуры и спорта железно-
дорожников на улице Чкалова

Palace of Culture and Sport for
Railway Men in Chkalov Street

⇨

Раён вуліцы Кульман
Район улицы Кульман
Kulman Street area

Камароўскі рынак
Комаровский рынок
Komarovski Market

Жылы дом на вуліцы Сурганава
Жилой дом на улице Сурганова
Dwelling block in Surganov Street

Панарама забудовы вуліц
Мележа і Лагойскага тракту

Панорама застройки улиц
Мележа и Логойского тракта

Panoramic view of Melezh
Street and Logoisk road

⇨

У мікрараёнах Зялёны
Луг-5 і Зялёны Луг-6

В микрорайонах Зеленый
Луг-5 и Зеленый Луг-6

View of Zeliony Lug-5 and
Zeliony Lug-6 residential areas

Каскад на Сляпянскай
водна-паркавай сістэме

Каскад на Слепянской
водно-парковой системе

Part of the Slepianka
water-and-park reserve

Гандлёвы цэнтр у мікра-
раёне Зялёны Луг-5

Торговый центр в микро-
районе Зеленый Луг-5

Shopping centre in Zeliony
Lug-5 residential area

⇨

Гасцініца «Агат». Від з боку
Сляпянскага канала

Гостиница «Агат». Вид со
стороны Слепянского канала

Hotel «Agat». View from the
Slepianka canal

Мікраён Усход-1
Микрорайон Восток-1
Vostok-1 residential area

Вучэбны корпус полі-
тэхнічнай акадэміі

Учебный корпус поли-
технической академии

Building of the Poly-
technical Academy

Гадзіннікавы завод «Прамень»
Часовой завод «Луч»
«Luch» watch and clock factory

Бізнес-цэнтр
Бизнес-центр
Business centre

Музей камянёў у мікра-
раёне Уручча

Музей камней в микро-
районе Уручье

Museum of stones in Uruchie
residential area

Мікраён Уручча
Микрорайон Уручье
Uruchie residential area

Гасцініца «Турыст»
на Партызанскім праспекце

Гостиница «Турист»
на Партизанском проспекте

Hotel «Tourist»
in Partisanski Prospect

Універмаг «Беларусь»
Универмаг «Беларусь»
«Belarus» department store

Партызанскі праспект
Партизанский проспект
Partisanski Prospect

Аўтавакзал «Усходні»
Автовокзал «Восточный»
«Vostochny» bus-station

Універсам «Серабранка»
Универсам «Серебрянка»
«Serebrianka» super-market

Кінатэатр «Салют»
Кинотеатр «Салют»
«Salut» cinema

Кінатэатр «Бярэсце» на прас-
пекце імя газеты «Правда»

Кинотеатр «Берестье» на прос-
пекте имени газеты «Правда»

«Berestie» cinema in Gazeta
«Pravda» Prospect

Універсам «Валгаград»
у мікрараёне Паўднёвы Захад-2

Универсам «Волгоград»
в микрорайоне Юго-Запад-2

«Volgograd» super-market in
Yugo-Zapad-2 residential area

Медыцынскі інстытут
Медицинский институт
Medical Institute

Інжынерны корпус механічнага
завода ў Кунцаўшчыне

Инженерный корпус механи-
ческого завода в Кунцевщине

Assembly shop of the mechanical
engi-neering factory in Kuntsevschina

⇨

Універсам «Гродна»
Универсам «Гродно»
«Grodno» super-market

Гасцініца «Арбіта»
Гостиница «Орбита»
Hotel «Orbita»

Спартыўны комплекс «Раўбічы»
Спортивный комплекс «Раубичи»
«Raubichi» sports complex

Маладзёжны турыстычны
комплекс «Юнацтва»

Молодежный туристический
центр «Юность»

Youth tourist centre
«Younost»

Аэрапорт «Мінск-2»   Курган Славы
Аэропорт «Минск-2»   Курган Славы
«Minsk-2» airport   Mound of Glory

Музей народнай архітэктуры
і побыту. Мінскі раён

Музей народной архитектуры
и быта. Минский район

Museum of folk architecture
and crafts in the Minsk district

Дом-музей Я. Купалы
ў Вязынцы

Дом-музей Я. Купалы
в Вязынке

House-museum of Yanka   ⇨
Kupala in Vyazynka

Спаса-Праабражэнская царква.
XVI—XVII стст. Заслаўе

Спасо-Преображенская церковь.
XVI—XVII вв. Заславль

The Church of the Transfiguration of
the Saviour. 16th—17th cent. Zaslavl

Минск — столица Республики Беларусь — один из древнейших городов с богатым историческим прошлым. В 1997 году исполнилось 930 лет со времени первого летописного упоминания о нем в «Повести временных лет» как о крепости Полоцкого княжества в связи с междоусобной битвой на Немиге в 1067 году.

Минск — важнейший промышленный и культурный центр, один из красивейших городов республики. В этом легко убедиться, прогулявшись по его центру или посетив микрорайоны. Архитектурные ансамбли проспектов и площадей, пышная зелень садов и парков, раскинувшихся в долине Свислочи и ее притоков, крупные общественные здания и новые жилые районы, исторические памятники и подземные станции метрополитена придают ему своеобразный облик и колорит.

На современный облик города наложили свой отпечаток многие исторические события. Ведь Минск стоит на перекрестке дорог с Запада на Восток. Город неоднократно разрушался во время вражеских нашествий и опустошительных пожаров и каждый раз почти заново отстраивался. Он помнит и кровавую борьбу между удельными князьями, и нападение монгольских кочевников, татарских полчищ, потомки которых жили и живут на минской земле.

В XVI столетии возник Верхний город — обширный район старого Минска, центром которого являлась Соборная площадь, которая сформировалась как общественный центр. Здесь были сосредоточены ратуша, женский и мужской бернардинские и базилианские монастыри, иезуитский костел XVII—XVIII века, жилая застройка XVIII—начала XX века. Сохранившиеся памятники прошлого сегодня органично вписались в современную ткань города, мирно соседствуют с послевоенной застройкой прилегающих кварталов.

Приглашаем пройтись по улицам и переулкам старого города, окунуться в атмосферу прошедших времен. В недавно отреставрированном доме-усадьбе художника В. Ваньковича по ул. Интернациональной открыт филиал Национального художественного музея.

С более древних времен дошли до наших дней Раковское и Троицкое предместья. На углу улиц Немиги и Раковской сохранился памятник архитектуры начала XVII века — Петропавловская церковь. Вдоль современных улиц Раковской, Освобождения, Замковой частично осталась старинная застройка.

В Троицком предместье сохранился небольшой квартал по ул. Богдановича и Старовиленской, реставрированный и благоустроенный в 80-е годы как цельный историко-архитектурный комплекс старого Минска с его типичной застройкой XIX века.

Но вернемся снова в историю. Согласно второму разделу Речи Посполитой Минск стал центром губернии. Развитие города шло по новому регулярному плану с прямоугольной сетью прямых улиц. Одна из них, Захарьевская, соединила Борисовский тракт с Варшавским направлением и стала главной магистралью города — сегодня проспект Франциска Скорины. На ее центральном отрезке была разбита новая площадь — ныне Октябрьская, напротив Александровский, теперь Центральный, сквер. В долине Свислочи заложили городской парк, теперь детский парк имени Горького. В 1890 году на углу Александровского сквера построено здание городского театра.

Прокладка через Минск железных дорог — Московско-Брестской и Либаво-Роменской — превратила город в важный железнодорожный узел. К началу XX века Минск стал крупным городом с населением более 90 тысяч человек.

Новый столичный масштаб придали городу крупнейшие общественные здания, возведенные до 1941 года: Дом правительства, здание ЦК КПБ, Дом Красной армии,

Государственная библиотека, театр оперы и балета, главный корпус Академии наук. Они положили начало формированию системы архитектурных ансамблей будущего Минска.

Суровые испытания пережил город в годы Великой Отечественной войны. Центральный район с его капитальной застройкой превратился в руины. Были разрушены все фабрики и заводы, свыше 80 процентов жилого фонда.

После Великой Победы в 1945 году героическими усилиями народа город был не только восстановлен, но и стал одним из самых красивых городов бывшего Советского Союза. Гордостью минчан стали построенные после войны крупнейшие промышленные предприятия — заводы шестерен, автомобильный и тракторный, автоматических линий, другие гиганты индустрии.

В 1954 году на Круглой площади был сооружен величественный монумент Победы.

В послевоенные десятилетия на Ленинском проспекте сформировались архитектурные ансамбли современных площадей — Независимости, Победы, имени Якуба Коласа и Калинина. Застройка проспекта стала выдающимся достижением белорусского градостроительства. Сегодня это проспект Скорины — самая оживленная улица города. Радует архитектурный облик проспекта, стройные ряды красивых зданий, учебных и научных центров.

Развитие города и рост населения Минска в послевоенный период шли быстрыми темпами. После освобождения города в 1944 году его население составило всего около 50 тысяч. В 1972 году родился миллионный минчанин. Сегодня в столице проживает около 1,7 миллиона человек.

В 70—80-е годы застраивается вторая главная магистраль столицы — проспект Машерова, с его ансамблями общественных зданий и жилых комплексов вдоль водно-паркового диаметра города в долине реки Свислочь. Здесь возникли многоэтажные административно-деловые здания, гостиницы «Юбилейная» и «Планета», Дом профессиональных союзов и Дом проектных организаций. В парке Победы в 1985 году сооружен монумент «Минск — город-герой». В архитектуру проспекта удачно вписались своеобразный по силуэту многоэтажный жилой комплекс, инженерный корпус завода холодильников и расположенный напротив пластичный по форме выставочный павильон «Минск-ЭКСПО».

Новые жилые районы и микрорайоны на периферии столицы не уступают по уровню благоустройства центральным.

Украшают город парки — имени Горького, Челюскинцев и Центральный ботанический сад, водно-парковый ансамбль вдоль Свислочи. В 80-х годах к ним добавился каскад водохранилищ и парков вдоль прежнего ручья Слепянки.

Минск — центр науки и культуры. В столице расположены многие институты Академии наук, большое число научно-исследовательских учреждений, конструкторских бюро и проектных организаций.

Подготовкой высококвалифицированных кадров для республики занимаются 20 высших учебных заведений.

В Минске много профессиональных театров и музеев.

Сегодня Минск — столица суверенной, независимой страны. Это открывает новые перспективы в развитии города. Возводятся здания иностранных посольств, банков, бизнес-центров, офисов и других деловых учреждений.

Многообразна жизнь жителей столицы. Свидетельством их духовного возрождения стало возобновление богослужений во многих храмах православной, католической, мусульманской и других конфессий.

Минск растет и красивеет. С каждым годом обретает новые черты, становится все более благоустроенным и удобным для жизни.

Minsk, the capital of the Republic of Belarus, is an ancient city with a rich history. It is 930 years in 1997 since the city was first described in the Story of Bygone Years chronicle as a fortress of the Polotsk Principality associated with a feudal battle on the Nemiga river in 1067.

Minsk is the country's major industrial and cultural centre and one of its most beautiful places. Just take a walk in the centre of the city or go to the residential areas on the outskirts and you will see it for yourself. The city has acquired its peculiar look and colouring thanks to the well-planned avenues and squares, to the green of the parks and gardens stretching along the Svisloch river, to the historical monuments and the underground stations.

Today's appearance of the city has developed due to many historical factors. Indeed, Minsk is situated right on the way from the West to the East. It has been many a time destroyed by invaders and devastating fires and had to be rebuilt practically from scratch. It remembers the sanguine feudal wars, invasions of Mongol nomads and Tatar hordes whose ancestors had lived on the Belarus territory.

The Upper Town a vast area of the old Minsk with the centre in Cathedral Square which was the city's most important part, was built in the 16th century. The City Hall, the men's and women's St Bernard and St Basil monasteries, the 17th—18th centuries jesuitical Catholic Church and the dwelling houses of the 18th—20th centuries were all situated there. The ancient monuments that have survived till today all fit well in the modern urban architecture and lend charm to the postwar quarters.

Let us take a walk along the streets and lanes of the old town and plunge into the atmosphere of the past.

The recently restored mansion in Internatsionalnaya Street that once belonged to the artist V.Vankovich now is a part of the National Fine Arts Museum. The Rakov and St Trinity townships date back to still older times. At the corner of Nemiga and Rakov Streets the Cathedral of Peter and Paul is found. It is an architectural monument of the 17th century. The old survivor buildings also make part of the renovated Rakov, Osvobozhdenia and Zamkovaya Streets.

An old block has survived in the St Trinity Township in Bogdanovich and Starovilenskaya Streets. In the '80s it was rebuilt and modernized to make a single historical and architectural ensemble of the old Minsk with its typical 19th century buildings.

Yet, let's go back to history again. In line with the second division of the Rzeczpospolita, Minsk became a regional centre and developed according to a new regular plan providing for a rectangular architecture with straight streets. One of the streets called Zakharievskaya linked the Borisov highway with the Warsaw road and became the city's main thoroughfare which today bears the name of Francisk Skorina. In the middle of it a square now called Oktiabrskaya and Alexandrovski mini-park (now Tsentralny park) were set up. A bigger park now named after M.Gorki was planted along the Svisloch river valley. In 1890 a city theatre was erected in the corner of the Alexandrovski mini-park.

Minsk turned into an important railway junction after the Moscow-Brest and Libava-Romno railroads were laid across the town. By the beginning of the 20th century Minsk had become a city with over 90,000 population.

Before 1941 Minsk grew into the country's capital and consequently a whole range of important public buildings that constituted the core of its future architecture were raised in the city. Among them are the Houses of Government, the building of the Central Party Committee, the Red Army Palace, the Na-

tional Library, the Opera and Ballet Theatre, the Academy of Sciences and others.

Minsk had very hard times during World War II. Its centre with all the buildings was completely ruined. All factories and shops, as well as 80 percent of the housing were destroyed.

After the war, it took the people a lot of heroic effort to put the city back to life. But it was eventually raised from the ruins becoming one of the most beautiful cities of the former Soviet Union. The people of Minsk are very proud with the giant industrial enterprises that were constructed during the postwar years: the lorry and tractor factories, the automated assembly lines and gear producing works and others.

A lofty monument commemorating the war victory was erected in Victory Square in 1954.

An architectural ensemble comprising Independence, Victory, Yakub Kolas and Kalinin squares was formed on Lenin Avenue in the course of the postwar decades. All the buildings lining the Avenue are the acme of the Belarusian civil engineering.

Prospect Skorina avenue today is the city's busiest street. Its architectural look with rows of handsome dwelling houses, educational establishments and public institutions is pleasing to the eye.

After the war the population of Minsk and its industrial potential grew rapidly. After the city's liberation in 1944 its population was about 50,000. By 1972 it had reached a million, about 1,700,000 people living in Minsk today.

The city's second largest avenue Prospect Masherov with its numerous public buildings and dwelling blocks rising along the water-and-park Svisloch river artery was chiefly built in the '70s—'80s. The multi-storeyed hotels "Planeta" and "Yubileinaya", the House of Trade Unions and Central Design Institute were among the first to grow up here. In 1985, the Minsk—Hero-City monument was erected in the Victory Park. The multi-storeyed residential blocks area, the engineering shop of the refrigerator factory and the originally shaped Minsk-EXPO exhibition pavilion do not spoil the architectural design of the entire district.

The new residential areas on the outskirts of the city have been made just as convenient for the people to live in as the residential blocks in the centre are.

The pride of the city are its parks - the Gorki Park, the Cheluskintsy Park, the Central Botanical Gardens and the water-and-park Svisloch reserve. In the '80s a water-and-park reserve that stretches along the Slepianka creek was added to them.

Minsk is the country's centre of science and culture. A great number of research institutes, Academy of Sciences institutes, design and engineering institutions function in Minsk.

Republic's specialists are trained at Minsk's 20 higher educational establishments.

There are many professional theatres and museums in Minsk.

Minsk today is the capital of a sovereign, independent state which means that broad possibilities for development are open before the city. Embassies, banks, business centres, offices and other public and private institutions have been springing up in the city.

The people of Minsk have been living through a spiritual renaissance. Sermons are now heard in the numerous restored temples of the orthodox, catholic, muslim and other confessions.

Minsk is growing and prospering. Life in the capital is acquiring new qualities, becoming nicer and easier with every passing year.

МІНСК

Складальнік і аўтар тэксту
В. І. Анікін

Фотаальбом
На беларускай, рускай і англійскай мовах

Рэдактар Т. І. Улевіч
Мастак В. Р. Мішчанка
Мастацкія рэдактары В. Р. Мішчанка, Т. А. Мельянец
Карэктар Ю. Ц. Петрыкеева
Камп'ютэрная вёрстка М. І. Лазука

Падпісана да друку з гатовых дыяпазітываў 23.06.2000.
Фармат 60х84 1/8. Папера мелаваная. Афсетны друк.
Гарнітура Тып. «Таймс». Ум. друк. арк. 13,02. Ум. фарб.-адб. 53,01.
Ул-выд. арк. 18,0. Тыраж 5000 экз. Зак. 78.

Падатковая льгота — Агульнадзяржаўны класіфікатар
Рэспублікі Беларусь АКРБ 007-98, ч. 1; 22.11.20.690

Дзяржаўнае прадпрыемства выдавецтва «Беларусь»
Дзяржаўнага камітэта Рэспублікі Беларусь па друку.
Ліцэнзія №2 ад 31.12.97. 220004, Мінск, праспект Машэрава, 11.

Мінская фабрыка каляровага друку. 220024, Мінск, вул. Каржанеўскага, 20.